MW01708667

Tours et textes de Gilles Arthur
Illustrations de Sylvain Nuccio

Mes tours de magie
avec Gilles Arthur

RÉPONSES
AUX PETITS CURIEUX

HACHETTE
Jeunesse

SOMMAIRE

© 1989 - Hachette, Paris.

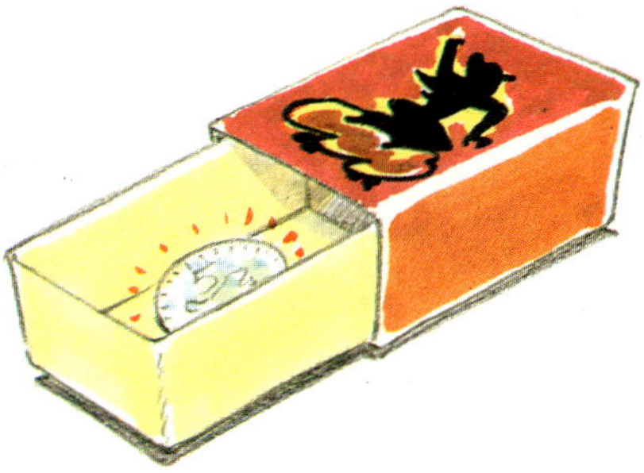

AVANT-PROPOS

Attention ! Tu vas apprendre des secrets qui vont te permettre de jouer au magicien...

Les tours décrits dans ce livre sont simples et spectaculaires.

Tu trouveras facilement tous les objets pour les réaliser...

Mais attention !!... Garde bien tes secrets et entraîne-toi bien avant de présenter tes tours à tes parents ou à tes amis.

Amuse-toi bien et bon succès.

GILLES ARTHUR.

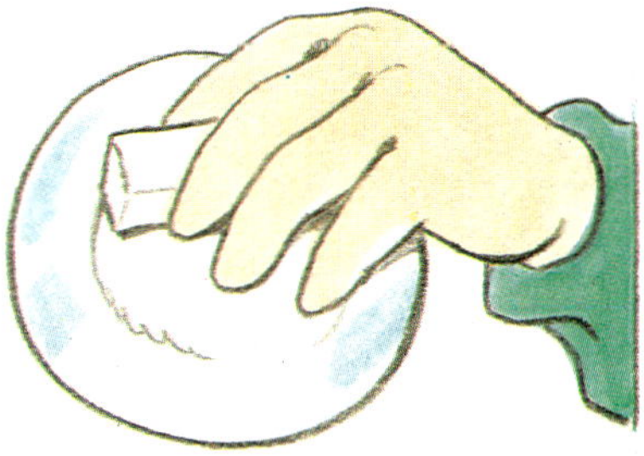

À travers du papier...

Munis-toi d'une feuille de papier et plie-la en deux.

À l'aide d'une paire de ciseaux, découpe le papier comme indiqué sur le dessin : tu pratiques des fentes à intervalles réguliers, alternativement d'un côté et de l'autre, en t'arrêtant chaque fois à quelques millimètres du bord. Ensuite, ouvre la feuille et découpe la ligne centrale entre les points A et B.

Il ne te reste qu'à écarter avec soin les deux côtés de la feuille pour obtenir une sorte de grand cercle de papier dans lequel tu pourras passer la tête... et peut-être même le corps.

Divination

Déchire une feuille en 8 morceaux à peu près égaux. Tu peux remarquer que 4 d'entre eux ont un seul bord lisse et que les 4 autres ont deux bords lisses. Garde cette observation secrète et trace sur les 4 morceaux à un seul bord lisse : un cercle; et sur les 4 autres : une croix.

Fais mélanger les papiers par un spectateur, puis reprends-les...

Il te sera facile de deviner quels sont les morceaux de papier marqués d'un cercle et ceux marqués d'une croix.

Pour cela, bien sûr, regarde discrètement sur chaque morceau de papier le nombre de bords lisses...

Gagné !

Prépare une dizaine de papiers pliés sur lesquels tu as inscrit le mot : perdu.

Sur un papier identique, inscris le mot : gagné. Puis, place-le secrètement à l'intérieur d'un sac en papier en le collant légèrement à l'aide d'un point de colle près de l'ouverture du sac.

Place tous les papiers perdants à l'intérieur du sac et tiens-le avec ta main droite de façon à cacher le papier gagnant...

Commence le tour en faisant prendre un par un les papiers à l'intérieur du sac. Tes spectateurs auront tous des papiers perdants.

Quant à toi, fais semblant de prendre un papier au fond du sac (en réalité, décolle le papier collé). Déplie-le... Tu as gagné!

perdu
perdu
gagné
gagné

L'élastique sauteur

Enfile un élastique sur l'index et le majeur de ta main droite.

Paume en avant, montre à tes spectateurs que l'élastique n'entoure que l'index et le majeur de ta main droite (1).

Avec ta main gauche, saisis l'élastique et tire dessus en retournant la main vers toi de façon à cacher les manipulations qui suivent (2).

Replie tous les doigts de ta main droite, sauf le pouce, à l'intérieur de l'élastique (3). Relâche l'élastique de ta main gauche, contre les 4 doigts, à la hauteur de la première phalange (4).

Tu es prêt...

1, 2, et 3... Ouvre la main droite, l'élastique saute « magiquement » de l'index et du majeur sur les autres doigts ! (5)...

L'élastique prisonnier

Lorsque tu arriveras parfaitement à refaire l'élastique sauteur, tu pourras rendre ce tour encore plus étonnant avec un second élastique qui semblera emprisonner le premier, placé sur l'index et le majeur de ta main droite.

Pour cela, croise le second élastique sur l'index, le majeur, l'annulaire et l'auriculaire (comme le montre le dessin).

Le premier élastique semble bien prisonnier...

Pourtant, exécute le tour de l'élastique sauteur de la même façon, sans t'occuper du second élastique.

L'élastique sautera de l'index et du majeur sur les autres doigts comme précédemment.

1
2
3
4
5
ENCORE PLUS FORT
AVEC UN ÉLASTIQUE
DE PLUS !!!

L'élastique passe-passe

Avant de présenter le tour, place secrètement un élastique autour de ton poignet gauche sous ta manche (1).

Commence le tour en montrant un élastique et un cordon.

Fais attacher chaque extrémité du cordon autour d'un de tes poignets. Les nœuds peuvent être bien serrés (2).

Montre bien l'élastique, retourne-toi dos aux spectateurs une seconde et, lorsque tu refais face au public, l'élastique entoure mystérieusement le cordon sans que les liens aient été défaits !...

Pour cela, lorsque tu as le dos tourné, laisse tomber au sol discrètement l'élastique que tu tiens en main (3) et attrape celui qui est caché sous ta manche (4).

Tire dessus et amène-le autour de la main gauche puis sur le cordon (5).

L'élastique se retrouvera automatiquement autour du cordon...

L'élastique cassé

Attrape un bout d'un élastique entre le pouce et l'index de ta main gauche (A).

Attrape l'autre bout avec ta main droite et va le coincer sous le petit doigt de ta main gauche (B et 1).

Fais semblant de casser l'élastique en haut (en réalité tu tires avec la main droite jusqu'à ce que la main gauche lâche la boucle du haut) (2).

Fais semblant de le casser en bas (en réalité tu tires avec la main droite jusqu'à ce que la main gauche lâche la boucle du bas) (3).

Réunis les deux mains, souffle, et l'élastique, soi-disant cassé, est totalement reconstitué... (4).

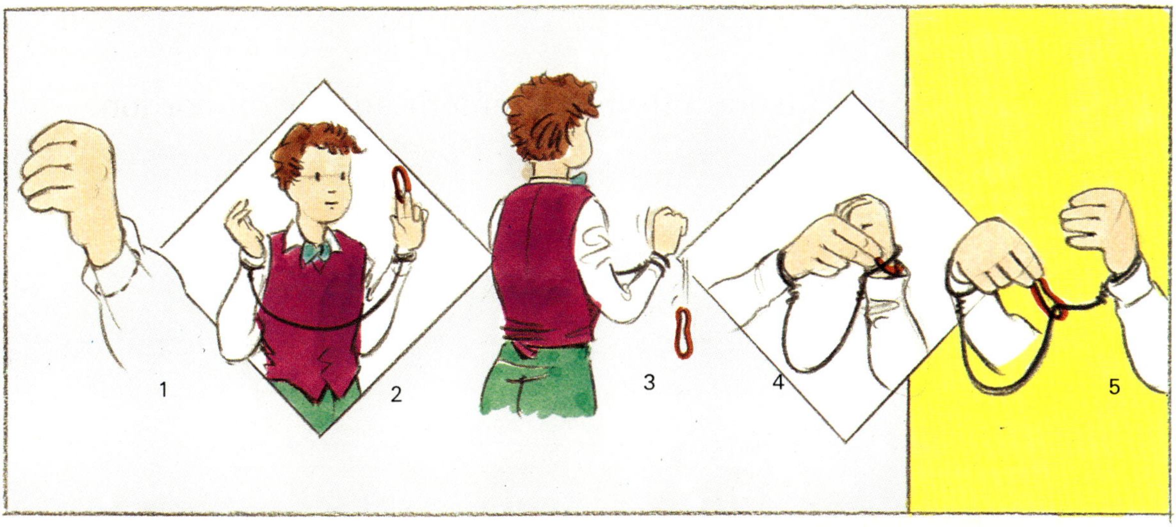
1
2
3
4
5

A
B
1
3
2
4

Le carré

Pose, sur une table, 4 allumettes en croix comme sur le dessin.

Demande à tes spectateurs s'ils peuvent former un carré en ne déplaçant qu'une seule allumette. Après les avoir laissés chercher un moment, donne-leur la solution : il suffit de tirer légèrement une des allumettes, et un tout petit carré se forme au centre...

La force invisible

Pour ce tour tu as besoin d'une petite préparation secrète.

Découpe 2 cm environ d'une cartouche sans encre d'un stylo (1). Enfile une allumette de part et d'autre (2). Replie ces deux allumette l'une contre l'autre (3). Maintiens-les entre le pouce et l'index de ta main droite (le petit morceau de cartouche de stylo n'est pas visible par les spectateurs) (4).

Commence le tour en frottant une troisième allumette contre un tissu et approche-la des deux autres.

Les deux allumettes s'écarteront comme si elles étaient soumises à une force invisible : en réalité, il te suffit de relâcher légèrement la pression entre le pouce et l'index de la main gauche...

Les 14 allumettes

Regroupe 14 allumettes sur une table et propose à quelqu'un de jouer avec toi. Le jeu consiste à prendre à tour de rôle 1, 2 ou 3 allumettes ; celui qui a la dernière a perdu.

Pour gagner à tous les coups il suffit de se souvenir des nombres suivants : 1 - 5 - 9 et 13.

Prends la première allumette, et tout le reste est automatique...

Si l'autre personne prend 1 allumette, prends-en 3. Si elle en prend 2, prends-en 2. Si elle en prend 3, prends-en 1. Et ceci jusqu'à la fin.

Si c'est l'autre personne qui commence, elle prend 1, 2 ou 3 allumettes. Alors, si tu peux, prends la 5e allumette et enchaîne comme précédemment (si la personne prend 1 allumette, prends-en 3, etc.). Sinon, arrange-toi pour prendre la 9e ou la 13e.

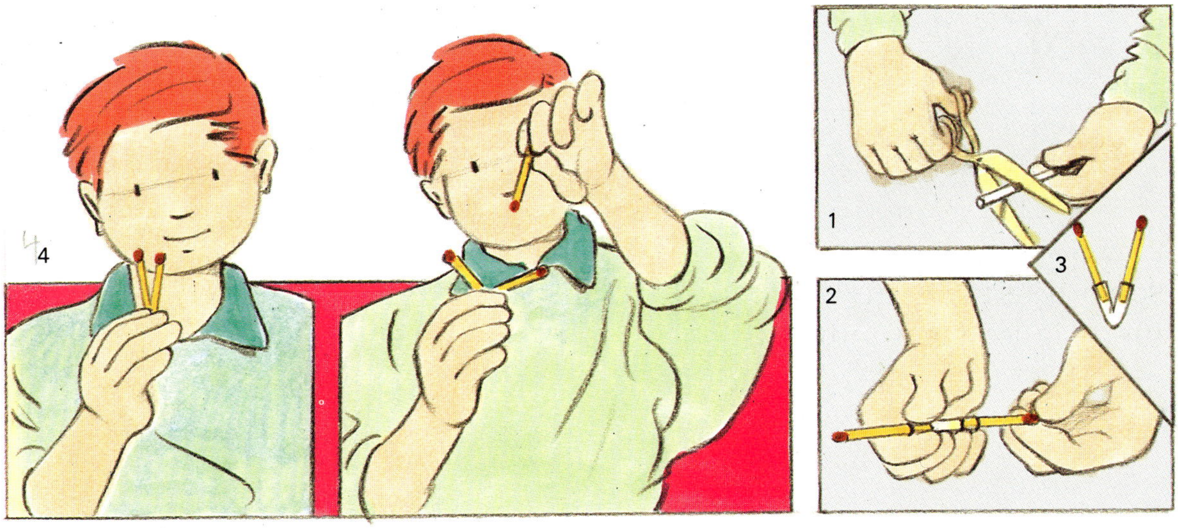
4
1
2
3

Reconstitution...

Prépare une serviette ou un mouchoir en plaçant secrètement une allumette à l'intérieur de l'ourlet (voir dessin). Au besoin, défais quelques points délicatement.

Pose la serviette dépliée sur une table devant toi.

Demande à un spectateur de poser au centre de la serviette une allumette.

Replie la serviette en trois, en commençant par la partie qui contient l'allumette secrète.

Attrape le tissu au point A et fais casser l'allumette à travers le tissu par un spectateur... (c'est, bien sûr, l'allumette secrète dans l'ourlet qui est brisée).

Quelques passes magiques... Déplie la serviette... L'allumette tombe, entière!

Le grand saut

Pose une allumette sur la paume de ta main gauche et attrape une autre allumette entre le pouce et l'index de ta main droite.

Approche l'allumette de la main gauche tout près de l'autre allumette.

Lorsque les allumettes se touchent, l'allumette de la main gauche est projetée en l'air mystérieusement...

Pour cela, place l'ongle du majeur de la main droite contre le bout de l'allumette tenue entre le pouce et l'index et, lorsque les allumettes se touchent, donne un coup d'ongle contre l'allumette que tient la main droite.

Le coup d'ongle passe inaperçu, alors que l'allumette posée sur la main gauche fait le grand saut.

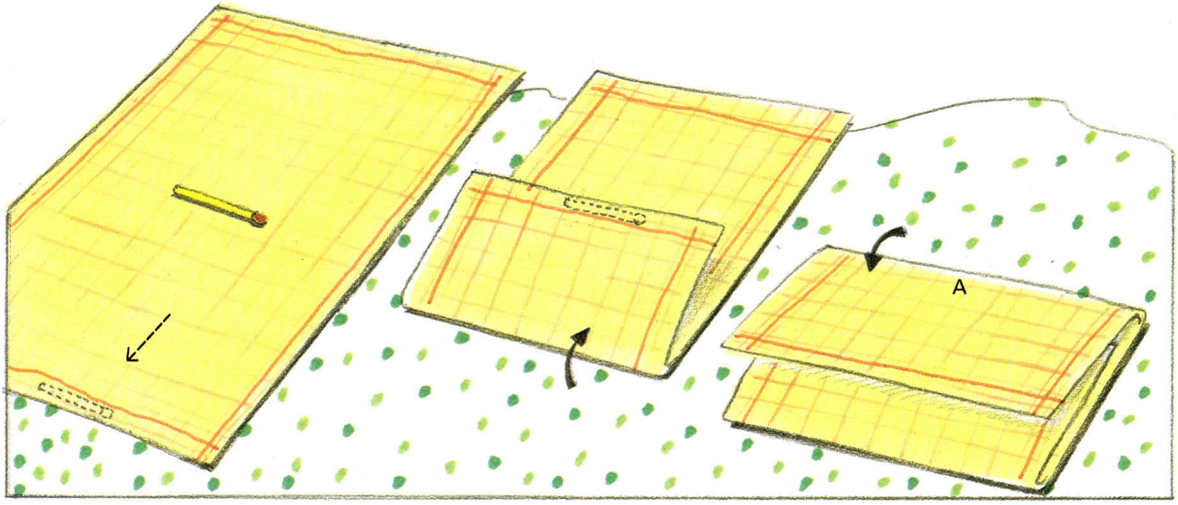
A

CRAC

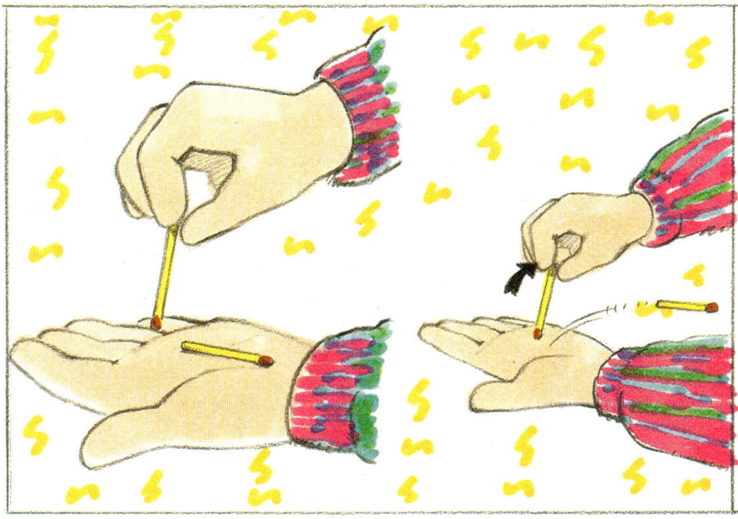

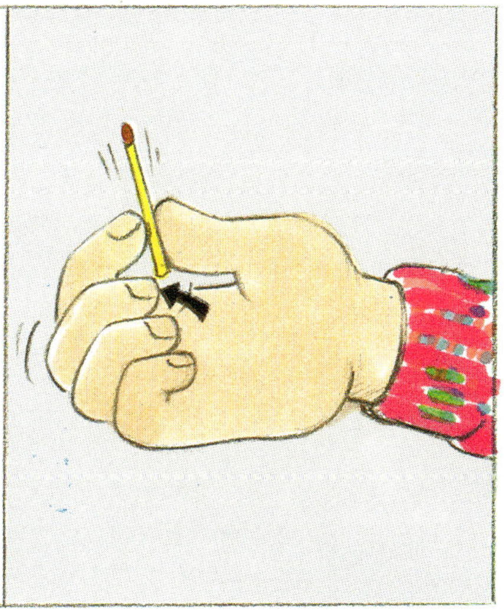

Petites informations sur la magie

«La magie est l'art et la science de produire des apparences inexplicables, amusantes ou gracieuses» (Rémy CELLIER).

Elle s'appuie sur des règles et des techniques qui permettent de tromper le jugement du public dans le but de le divertir.

Manipulation

Elle s'appuie essentiellement sur la dextérité du magicien. Pratiquement sans matériel, la manipulation crée des effets grâce à la pureté du geste.

Magie générale

Elle se compose de tours et de trucs nécessitant l'utilisation d'appareils de taille moyenne.

Grandes illusions

Ce sont généralement de gros effets mis en scène par plusieurs personnes utilisant du matériel volumineux.
Exemples : les femmes coupées, les lévitations, etc.

Il existe d'autres formes de magie...

La magie comique

Le magicien devient, dans ce cas, un véritable acteur comique.

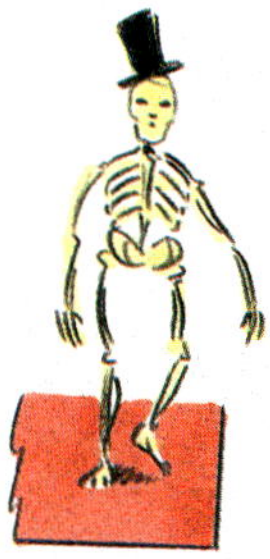

La micro-magie

Le magicien présente ses tours de très près et utilise de tout petits objets.

Le mentalisme

Les tours ont l'apparence d'effets de divination, de transmission de pensée ou de voyance.

Robert Houdin (1805-1871)

Il est considéré comme le père de la magie moderne (vers 1840).
Jean, Eugène, Robert Houdin était horloger et possédait une formidable habileté dans le domaine de la mécanique de précision.
Inventeur génial mais aussi magicien exceptionnel, il ouvre à Paris le théâtre des Soirées fantastiques.

Ce fut le premier magicien à apparaître en habit de soirée, et certains de ses numéros sont devenus célèbres...
Par exemple :
Un numéro où son fils tient en position horizontale sur un unique support placé sous l'un de ses bras !

Houdini (1874-1936)

Ce magicien, maître dans le domaine de l'évasion, défraya la chronique en s'évadant des endroits les plus divers.
Harry Houdini, au début de notre siècle, devint une grande vedette en lançant de nombreux défis à la mort. En 1908, il plongea, enchaîné, dans un trou pratiqué dans la glace d'une rivière. Après 20 minutes sous l'eau, il refit surface par le trou !...

Apparition d'une pièce !

Place secrètement une pièce entre le bout du tiroir et le dessus d'une boîte d'allumettes vide, aux deux tiers ouverte.

Présente la boîte d'allumettes vide (la pièce est cachée).

Pose-la sur une table en la refermant et en prononçant très fort une formule magique (ce qui empêchera d'entendre le bruit de la pièce qui tombe dans la boîte).

Ouvre-la... Une pièce apparaît !...

Disparition d'une pièce

Prends une pièce dans la main droite et un foulard dans la main gauche.

Fais semblant de placer la pièce sous le foulard dans ta main gauche, mais pendant le mouvement dépose-la invisiblement dans ta manche.

Souffle sur le foulard et montre que la pièce a disparu !...

Disparition et réapparition

Enchaîne les deux tours de pièces précédents en préparant la pièce cachée dans la boîte d'allumettes et en présentant : la boîte d'allumettes vide aux deux tiers ouverte, la pièce et le foulard.

Pose la boîte sur une table en la refermant, fais disparaître ta pièce comme précédemment dans ta manche sous le foulard.

Ouvre la boîte, la pièce réapparaît...

5 FRANCS

Les pièces équilibristes

Prends deux pièces identiques et une allumette.

Coupe l'allumette de façon à ce que sa longueur soit égale à deux fois le diamètre d'une pièce. Place l'allumette sur les deux pièces et attrape l'ensemble entre le pouce et l'index.

Présente les deux pièces en équilibre...

Le bout d'allumette doit, bien sûr, se trouver de ton côté, donc, être invisible pour tes spectateurs...

Le foulard percé

Présente une pièce entre le pouce et l'index de ta main droite.

Recouvre-la d'un foulard.

Avec ta main gauche, relève une première fois le coin avant (A) du foulard pour montrer la pièce, puis recouvre-la...

Montre-la une nouvelle fois de la même façon, mais cette fois recouvre-la avec le coin avant (A) et le coin opposé (B) — les deux coins sont tout près l'un de l'autre.

Enroule le foulard autour de la pièce...

Elle semble prisonnière ; pourtant, frotte tout doucement et elle traverse le foulard.

A
B

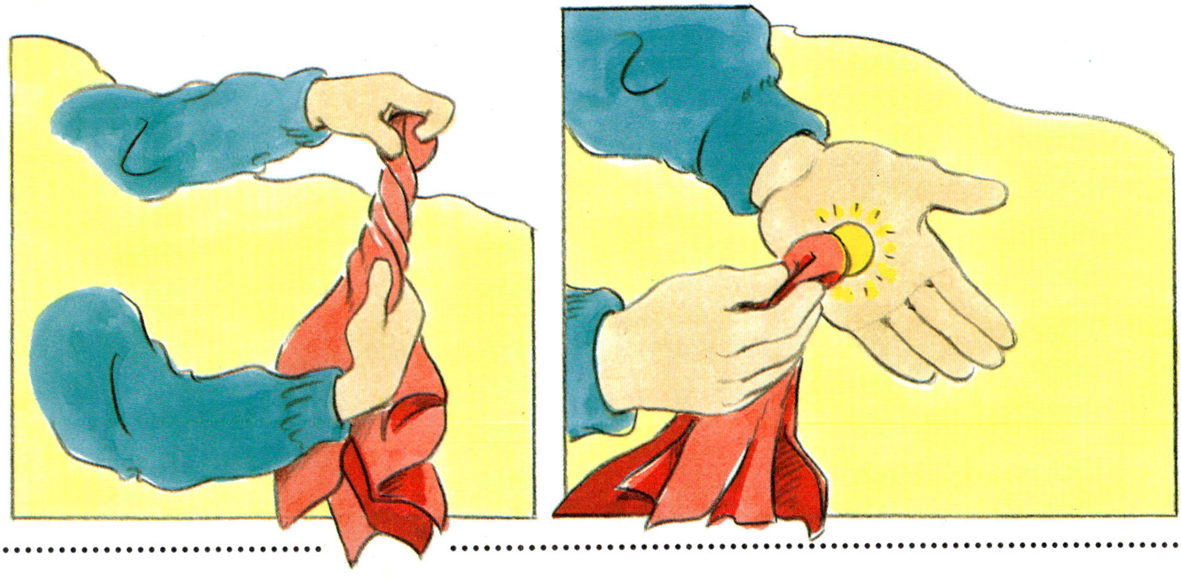

Le faux nœud 1

Fais un nœud sans trop le serrer au milieu d'un cordon.

Attrape une des extrémités du cordon et repasse-la dans le nœud en sens inverse de son passage.

Tire sur le cordon jusqu'à ce que tu obtiennes un faux nœud 1. En tirant un peu plus... le nœud disparaîtra.

Voyage d'un faux nœud

Prépare un faux nœud 2, en faisant un vrai nœud sur un cordon et en découpant la corde de chaque côté du nœud.

Fais un faux nœud 1 sur une corde.

Place secrètement un faux nœud 2 dans ta main droite.

Commence le tour en présentant une corde en main gauche (la main droite cache un faux nœud 2).

Fais semblant d'attraper le faux nœud 1 sur la corde avec ta main droite. En réalité, coince la corde avec le pied et tire dessus : le faux nœud 1 disparaît. En même temps, montre le faux nœud 2...

On a l'illusion que tu as pris le nœud de la corde et qu'il se retrouve dans ta main droite!...

1, 2, 3... nœuds

Tiens une corde en main droite.

Attrape cette corde une vingtaine de centimètres au-dessous de ta main droite avec ta main gauche paume tournée vers le haut.

Ferme ton poing sur la corde.

Retourne ta main gauche, comme si tu voulais regarder ta montre... une boucle se forme. Pose-la sur les doigts de ta main droite (à côté du pouce) (1). Refais deux autres boucles de la même façon, que tu poses juste à côté...

Maintenant, attrape avec ta main gauche la dernière extrémité pendante et amène-la au centre des boucles entre les doigts de ta main droite... (2)

Pour faire apparaître 3 nœuds d'un seul coup... maintiens uniquement l'extrémité tenue par les doigts de ta main droite et laisse tomber tout le reste vers le sol... 3 nœuds se forment!

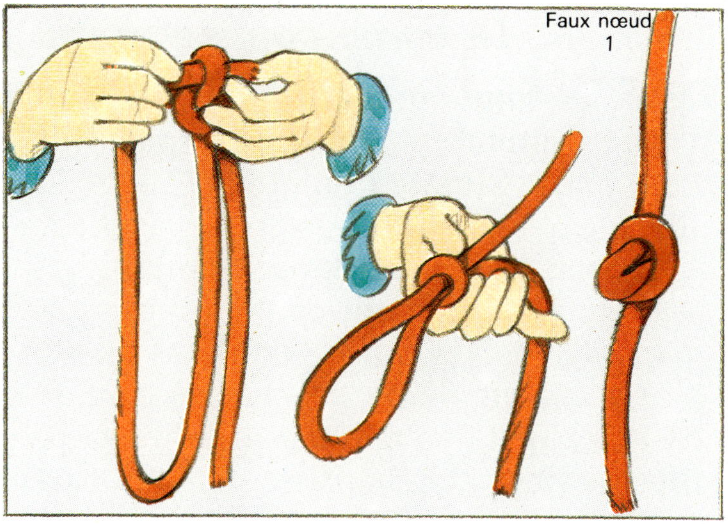
Faux nœud
1

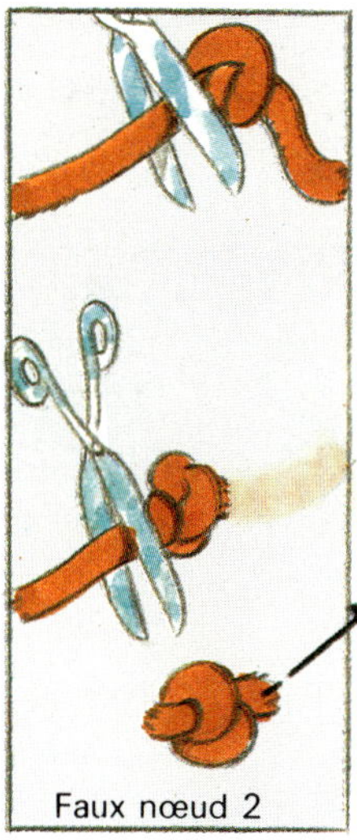
Faux nœud 2

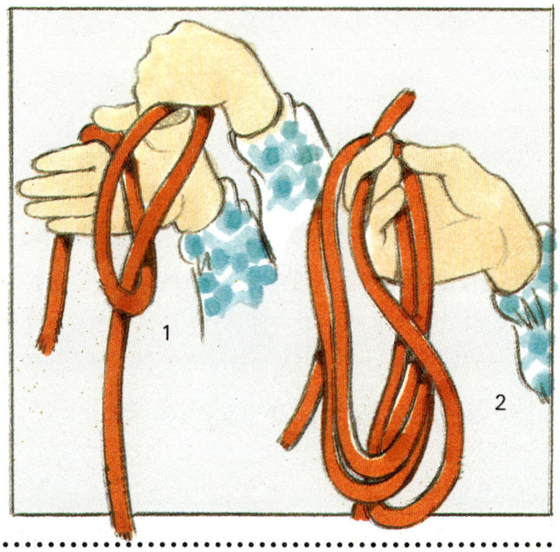
1
2

La corde coupée et raccommodée

Présente une corde tenue par une extrémité en main gauche. Avec ta main droite, repère et attrape le centre de la corde et pose-le croisé sur l'extrémité de la corde tenue en main gauche (1).

Relève avec ta main droite les 2 côtés de l'extrémité de la corde (2) de part et d'autre du croisement.

Cache ce croisement dans ta main gauche (3).

Coupe ou fais couper la corde en haut, à côté du croisement caché (4). On donne ainsi l'illusion de couper la corde au centre... (5).

À l'aide de la paire de ciseaux, recoupe plusieurs fois les 2 extrémités du haut et débarrasse-toi totalement des petits morceaux au-dessus du croisement.

Un souffle magique, et tu montres au public que la corde est raccommodée.

Disparition d'un nœud

Donne à un spectateur une corde sur laquelle tu as fait un nœud. Fais-toi attacher les poignets solidement par chaque extrémité de cette corde, avec plusieurs nœuds...

Retourne-toi une seconde... Lorsque tu refais face au public... le nœud a disparu sans que tes liens aient été défaits!...

Pour cela, une fois que tu as le dos tourné, desserre le nœud et fais-le glisser jusqu'aux autres nœuds près de ton poignet droit... Celui-ci se confondra avec les nœuds autour de ton poignet et, pour le public, le nœud semblera s'être «évanoui»...

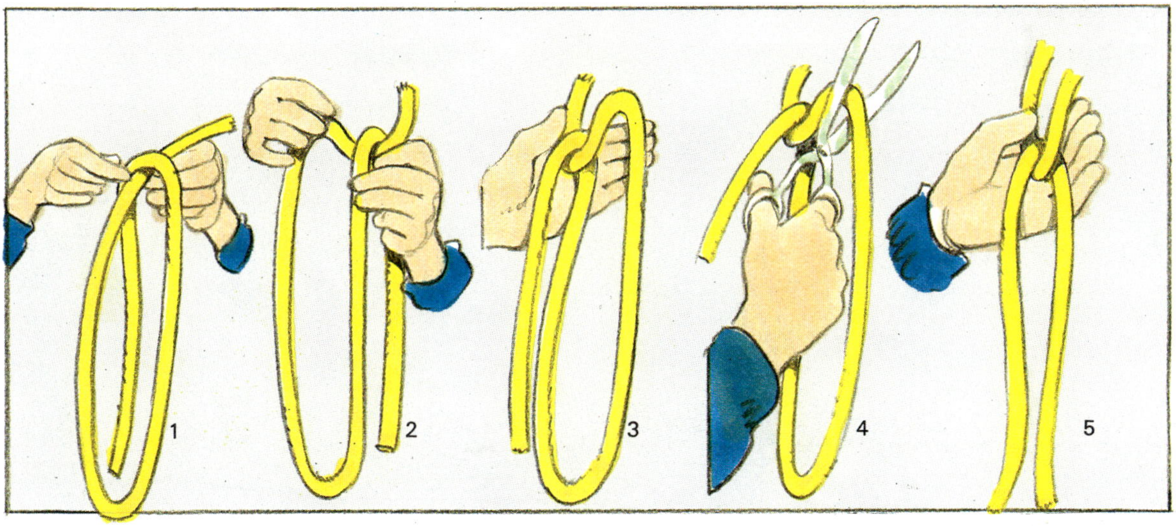
1
2
3
4
5

Apparition d'un ruban

Enroule secrètement un ruban autour de l'extrémité d'une baguette magique ou d'une règle. Dissimule ce ruban dans ta main droite qui tient la baguette magique...

Commence le tour en montrant avec la baguette ta main gauche vide.

Passe la baguette dans ta main gauche (dans ce mouvement, fais discrètement passer l'extrémité de la baguette avec le ruban, de ta main droite à ta main gauche).

Montre avec la baguette ta main droite vide... Tire la baguette avec ta main droite (dans ce mouvement, laisse secrètement le ruban dans ta main gauche).

Donne un coup de baguette au-dessus de ta main gauche... Et le ruban apparaît !

Le ruban coupé et raccommodé

Avant de présenter le tour, munis-toi d'un ruban, d'un morceau de papier et d'une paire de ciseaux.

Prépare le papier en le pliant en deux et en faisant deux fentes sur une des deux parties du papier comme sur le dessin (1). Enfile le ruban dans les fentes de manière à donner l'impression, une fois le papier plié (fentes secrètes vers toi), que le ruban glisse simplement au milieu du papier.

Le tour commence justement en faisant glisser le ruban de part et d'autre du papier (les fentes secrètes sont vers toi). Ensuite, coupe le morceau de papier en glissant invisiblement une des branches des ciseaux entre le ruban et le papier (2)...

Tes spectateurs auront l'illusion que tu coupes à la fois le papier et le ruban (le ruban reste, bien sûr, intact).

Froisse le papier une fois coupé autour du ruban... un geste magique... Fais glisser le papier froissé le long du ruban et montre-le entièrement raccommodé !...

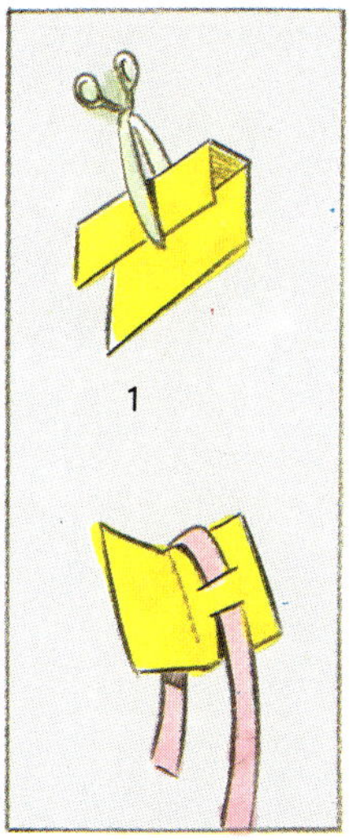
1

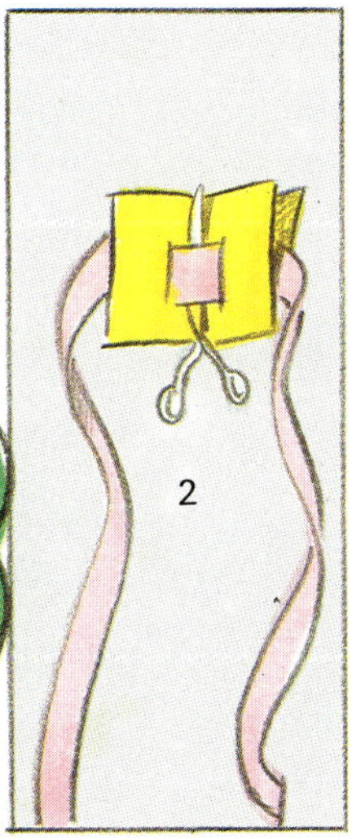
2

Les anneaux magiques

A partir d'un anneau formé par une bande de papier, et en le découpant dans le sens de la longueur, tu peux obtenir à volonté 2 anneaux identiques (c'est normal !), 1 grand anneau ou 2 anneaux enclavés l'un dans l'autre !

Préparation des anneaux magiques

Munis-toi de 3 bandes de papier de 10 centimètres de large sur 1 mètre de long.

Colle les deux extrémités de la première bande ensemble.

Colle les deux extrémités de la deuxième bande en vrillant une fois une des extrémités (en faisant faire un demi-tour à une des extrémités).

Colle les deux extrémités de la troisième bande en vrillant deux fois une de ses extrémités (en faisant faire un tour complet à une des extrémités).

Découpe maintenant les trois anneaux de la même façon. Avec une paire de ciseaux, pique une des branches à travers l'un des anneaux et découpe-le au milieu et dans le sens de la longueur jusqu'au bout...

Dans le premier cas, tu obtiendras deux anneaux identiques et séparés.

Dans le second cas, tu obtiendras un seul grand anneau.

Et dans le troisième cas, tu obtiendras deux anneaux enclavés l'un dans l'autre.

Les foulards noués !

Attention ! Avant de montrer ce tour de foulards, entoure ton index et majeur gauches d'un petit élastique (1).

Attrape un foulard en main droite et un autre en main gauche. Le foulard de la main gauche recouvre le petit élastique, qui est donc invisible pour les spectateurs...

Pour commencer, les foulards sont montrés séparés. Ensuite, pose-les sur un tabouret derrière toi...

En allant poser les foulards, regroupe-les dans ta main gauche et passe secrètement le petit élastique par-dessus les deux extrémités des foulards (2).

Un traditionnel geste magique, et tu peux montrer rapidement les deux foulards noués.

Les foulards dénoués !

Attention ! Un foulard en main droite et un autre en main gauche... Montre-les bien et noue-les ensemble de la manière suivante :

Croise une première fois les deux extrémités comme sur le dessin (1).

Croise-les une seconde fois de la même manière (2).

Et enfin, fais par-dessus ces croisements un simple nœud... bien serré (3).

Il suffit maintenant de les poser derrière soi, en tirant légèrement sur les deux foulards pour qu'ils se dénouent automatiquement.

Le nœud qui voyage...

Attention... Attention !...

En présentant quatre foulards cette fois-ci, deux par deux, et en enchaînant les deux tours précédents, tu peux donner l'illusion que le nœud qui disparaît des foulards dénoués réapparaît sur les foulards noués !...

1
2
1
2
3

Le foulard grandissant

Attrape un foulard entre le pouce et l'index de chaque main par deux de ses coins proches.

Sans lâcher ces deux coins, attrape les deux autres coins du foulard avec les autres doigts, en pliant le foulard en deux.

Vrille-le, c'est-à-dire enroule-le sur lui-même en donnant un mouvement tournant à tes mains.

Le foulard a une certaine longueur. Tu vas pouvoir le faire grandir en continuant à le vriller et en tirant dessus.

Pour cela, en main gauche, maintiens bien le coin entre le pouce et l'index et relâche l'autre juste à côté... En main droite, par contre, relâche le coin tenu entre le pouce et l'index pour attraper l'autre coin juste à côté et en ne tenant plus que lui...

En tirant de chaque côté, le foulard semblera s'allonger car les deux coins tenus sont des coins opposés en diagonale.

Apparition d'un foulard

Et voici sûrement l'une des plus spectaculaires et des plus simples apparitions de foulard...

Rien dans les mains...

1, 2, 3, et voilà un foulard.

Il faut, bien sûr, un foulard...

Un petit foulard.

Enroule-le de façon à obtenir une petite boule que tu caches sur ta manche droite à la hauteur de la pliure du coude, en faisant un pli que tu rabats sur le foulard. Celui-ci est maintenu caché.

Si tu tends tes deux bras en avant d'un petit coup sec, le foulard apparaîtra sans que l'on ait le temps de voir d'où il vient !...

Attrape-le au vol avant qu'il ne tombe.

La prédiction

Inscris sur ta main un nombre caché magique : 1 089.

Donne un papier et un crayon à un spectateur et demande-lui d'y inscrire un nombre de trois chiffres différents.

Demande-lui d'y inscrire ensuite un autre nombre composé des trois mêmes chiffres à l'envers et enfin de soustraire le plus petit nombre du plus grand.

Demande-lui encore d'inscrire le résultat obtenu et un dernier nombre composé des trois mêmes chiffres à l'envers.

Pour terminer, il doit additionner les deux derniers nombres et nommer à haute voix le résultat...

Tu retournes alors ta main, et la prédiction est exacte...

Exemple : $987 - 789 = 198$ $198 + 891 = \mathbf{1089}$

Autre exemple : $786 - 687 = 099$ $099 + 990 = \mathbf{1089}$

Le chiffre magique

Annonce que tu es capable de faire des divisions mentales avec une rapidité inégalée.

Inscris sur un papier tous les chiffres de 1 à 9 sauf le 8.

Demande à une personne de te désigner son chiffre préféré (par exemple le 4).

Pose alors l'opération suivante : 12345679 multiplié par x est égal à 444444444 (écris 9 fois le chiffre 4).

Tu es alors capable de trouver la valeur de x en une fraction de seconde. Le spectateur peut vérifier l'opération... Elle est juste.

Il te suffit de savoir que x est égal à 9 fois le chiffre choisi (pour cet exemple 9×4, donc *36*).

Récapitulatif $12345679 \times x = 444444444$ $x = 9 \times 4 = \mathbf{36}$

L'opération impossible !

Voici un petit problème que tu peux poser pour t'amuser à tes copains : comment avec trois fois 1 obtenir pour résultat 12 ?

Les premières solutions qui viennent à l'esprit ne marchent pas :
$1 + 1 + 1 \neq 12$ $1 \times 1 \times 1 \neq 12$
La bonne solution est la suivante : $11 + 1 = 12$

987
-789
198
198
+891
1089
1089
123
456
79
12345679
36
444444444
=12?
11
+1
12

Le coup d'œil

Retire quatre cartes d'un jeu : les quatre dames. À l'aide d'un crayon, colorie très discrètement l'un des yeux de chaque dame... (Tu dois être le seul à pouvoir repérer ces signes secrets.)

Aligne les quatre dames, les visages avec l'œil colorié tournés vers toi. Retourne-toi et demande que l'on tourne une carte (en la faisant pivoter, mais en laissant sa valeur visible).

Refais face à ton public et désigne la bonne carte, celle qui a été retournée. Rien de plus simple : l'un des yeux des quatre visages tournés vers toi n'est plus colorié... C'est la bonne carte.

Les rouges et les noires

Sépare toutes les cartes rouges d'un jeu et toutes les cartes noires. Regroupe-les dans un même paquet (toutes les cartes rouges sont dessus et toutes les cartes noires sont dessous).

Présente le jeu ainsi secrètement préparé à un spectateur et demande-lui de prendre une carte. En lui tendant le jeu, oblige-le à prendre une carte vers le début du jeu (c'est forcément une carte rouge). Fais-lui remettre sa carte vers la fin du jeu.

Pour la retrouver, fais défiler les cartes devant tes yeux et tu apercevras une seule carte rouge au milieu des noires.

C'est la carte choisie.

Transformation d'une carte

Prépare un jeu de cartes en sortant l'as de carreau et le 5 de carreau du jeu. Place le 5 de carreau sur l'as de carreau et pique ces 2 cartes comme une seule vers le milieu du jeu, face vers le haut (comme sur le dessin)

Montre le 5 de carreau et retourne-le sur le dessus du jeu avec l'autre carte cachée dessous (pour les spectateurs tu as retourné le 5 de carreau sur le jeu, alors qu'en réalité tu as retourné deux cartes : le 5 et l'as de carreau). Glisse la première carte sur la table (pour le public c'est le 5 de carreau mais en réalité c'est l'as de carreau). Frotte cette carte magiquement et annonce que toutes les cartes peuvent se transformer en as. Retourne-la!...

Le défi

3 cartes sont posées sur une table (comme sur le premier dessin).

Comment, en 3 coups, et en retournant chaque fois 2 cartes, obtenir les 3 cartes face visible ?

A) Retourne les cartes 2 et 3.
B) Retourne les cartes 1 et 3.
C) Retourne les cartes 2 et 3.

Pour jouer un tour à tes copains, place les cartes au départ différemment : 2 cartes face visible aux extrémités et une carte retournée au centre... Dans ce cas, il sera impossible de retrouver les 3 cartes face visible...

Les deux paquets

Avant le tour, prépare deux paquets de cartes ; d'un côté les quatre 10, et de l'autre forme un paquet de 10 cartes quelconques.

Dépose ces deux paquets, en cachant leur valeur, sur une table et demande à un spectateur d'en choisir un.

Avant que le spectateur ne t'annonce son choix, inscris sur un papier : « les 10 ».

Plie cette prédiction, demande au spectateur de vérifier que la prédiction est juste, après avoir annoncé son choix...

Soit le paquet comprend 10 cartes, soit il comprend les quatre 10. Dans les deux cas, ta prédiction, « les 10 », est exacte.

Drôle d'équilibre !

Il faut utiliser deux cartes à jouer et un verre.

Plie l'une des cartes dans le sens de la longueur ; sur une des moitiés pliées enduis la carte de colle et applique-la sur l'autre carte (voir dessin).

Présente une carte et un verre, puis, tout en posant le verre sur la carte, déplie discrètement la demi-carte non collée.

C'est un véritable trépied que tu obtiendras... Et là, aucune difficulté à faire tenir le verre en un drôle d'équilibre.

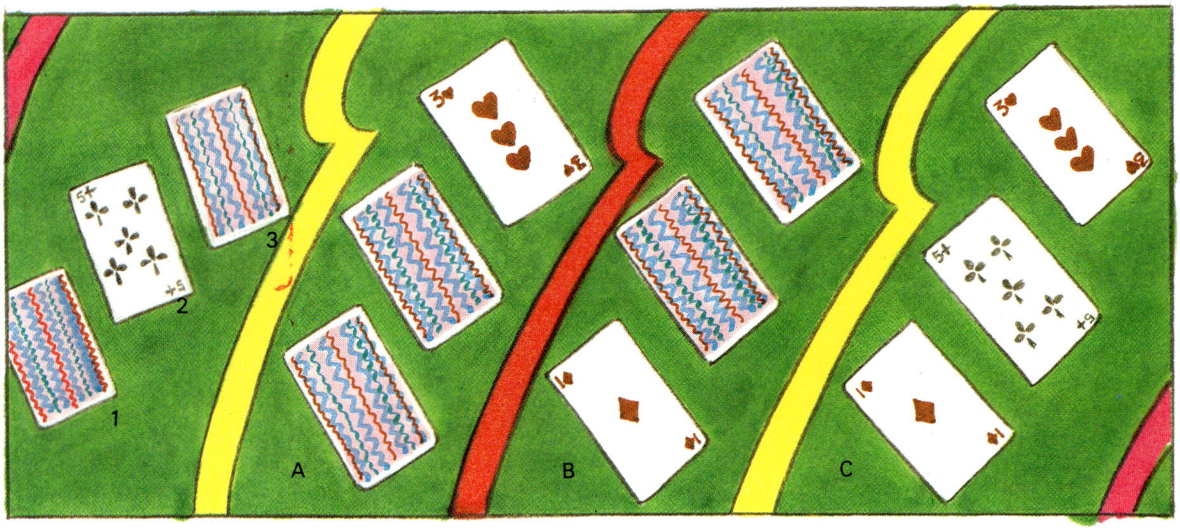
1
2
3
A
B
C

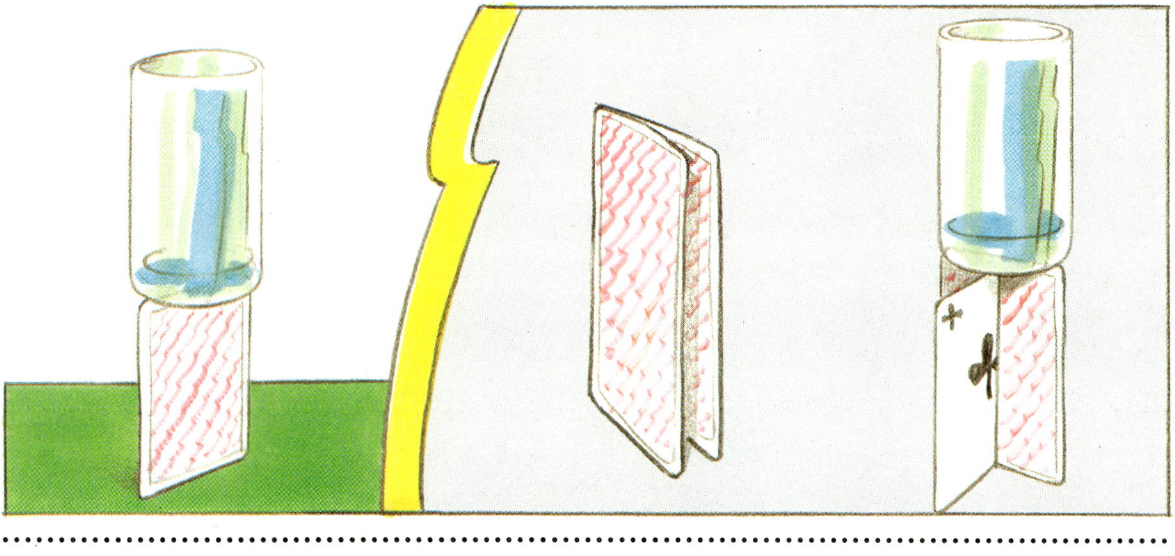

Le calendrier magique

LUNDI

1 • 3 • 5 • 7 • 9 • 11 • 13 • 15
17 • 19 • 21 • 23 • 25 • 27
29 • 31 • 33 • 35 • 37 • 39
41 • 43 • 45 • 47 • 49 • 51
53 • 55 • 57 • 59 • 61 • 63
65 • 67 • 69 • 71 • 73 • 75
77 • 79 • 81 • 83 • 85 • 87
89 • 91 • 93 • 95 • 97 • 99

MARDI

2 • 3 • 6 • 7 • 10 • 11 • 14 • 15
18 • 19 • 22 • 23 • 26 • 27
30 • 31 • 34 • 35 • 38 • 39
42 • 43 • 46 • 47 • 50 • 51
54 • 55 • 58 • 59 • 62 • 63
66 • 67 • 70 • 71 • 74 • 75
78 • 79 • 82 • 83 • 86 • 87
90 • 91 • 94 • 95 • 98 • 99

MERCREDI

4 • 5 • 6 • 7 • 12 • 13 • 14 • 15
20 • 21 • 22 • 23 • 28 • 29
30 • 31 • 36 • 37 • 38 • 39
44 • 45 • 46 • 47 • 52 • 53
54 • 55 • 60 • 61 • 62 • 63
68 • 69 • 70 • 71 • 76 • 77
78 • 79 • 84 • 85 • 86 • 87
92 • 93 • 94 • 95 • 100

JEUDI

8 • 9 • 10 • 11 • 12 • 13 • 14
15 • 24 • 25 • 26 • 27 • 28
29 • 30 • 31 • 40 • 41 • 42
43 • 44 • 45 • 46 • 47 • 56
57 • 58 • 59 • 60 • 61 • 62
63 • 72 • 73 • 74 • 75 • 76
77 • 78 • 79 • 88 • 89 • 90
91 • 92 • 93 • 94 • 95

À l'aide de ce calendrier magique, tu peux deviner l'âge d'un spectateur...

Montre ce calendrier et demande à une personne dont tu ne connais pas l'âge de te nommer les jours contenant le nombre correspondant à son âge.

En additionnant tous les premiers nombres en haut et à gauche des jours nommés, tu obtiendras l'âge de la personne.

Exemple : Si la personne a 60 ans, elle te désignera les jours suivants : mercredi, jeudi, vendredi et samedi.
Soit $4 + 8 + 16 + 32 = 60$.

Le crayon magnétique 1

Comment faire tenir un crayon « magiquement » contre sa main ? Il existe plusieurs méthodes comme tu vas voir plus loin.

La première est la plus simple. Il te suffit de poser le crayon contre la paume de la main gauche et de tenir ton poignet gauche avec ta main droite tout en laissant ton index droit, à l'intérieur de la main gauche, maintenir le crayon...

Attention à ce que les spectateurs ne puissent pas apercevoir ton index !...

Le crayon magnétique 2

Voici une seconde méthode pour faire tenir un crayon contre ta main...

Avant tout, tu dois porter une montre. Coince, sous ton bracelet-montre, un crayon ou une règle fine comme sur le dessin, de façon à obtenir une sorte de pince avec ta main et la règle. Place délicatement le crayon entre la règle et la paume de ta main... Le crayon tient.

Fais attention également aux problèmes d'angles (la règle doit toujours être invisible).

Ajoute, bien sûr, quelques gestes magiques au-dessus du crayon avant de le lâcher, l'effet sera plus spectaculaire.

Le crayon magnétique 3

Et voilà une troisième méthode...

Pour celle-ci, tu dois procéder à une préparation secrète.

Munis-toi de fil de nylon (presque invisible) et fais une boucle, avec ce fil, que tu places autour de ton index et de ton majeur gauches. (Personne ne doit connaître l'existence de cette boucle.)

Tu es prêt. Glisse le crayon entre tes doigts et la boucle invisible. Tends la main... Le crayon tient seul !

Il est toujours efficace de reproduire le même effet avec deux méthodes différentes. Alors, choisis deux de ces méthodes et présente le tour du crayon magnétique en inventant une petite histoire... par exemple de magnétisme...

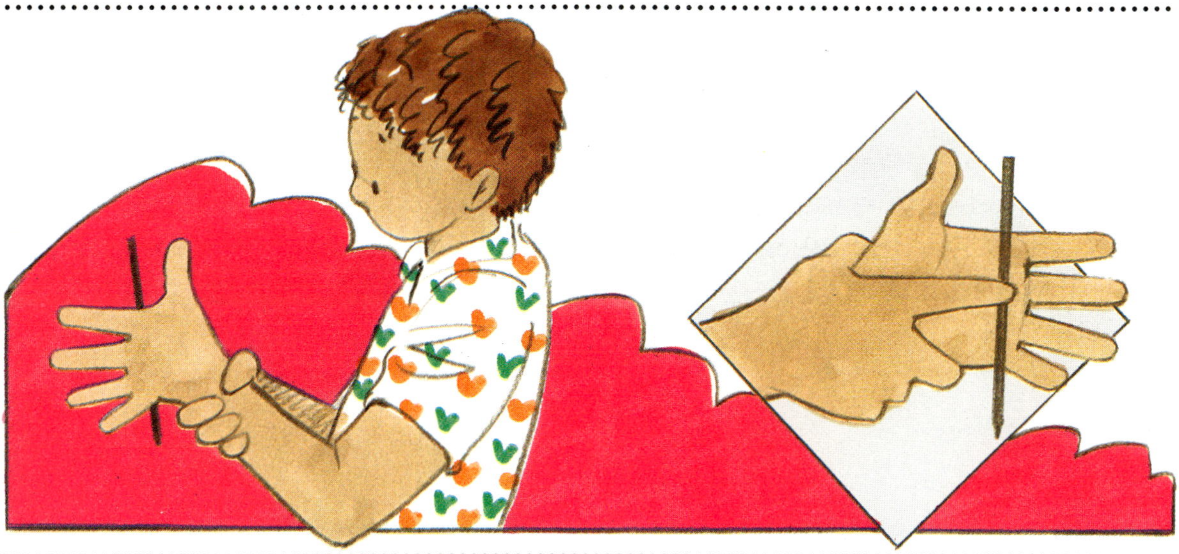

Le crayon qui écrit de toutes les couleurs !

C'est un tour-gag que tu vas pouvoir jouer autour de toi.

Présente un crayon et annonce qu'il est tout à fait particulier malgré son apparence normale, car... ce crayon peut écrire toutes les couleurs !

Fais-en nommer une... et si on te dit rouge... alors écris le mot rouge.

D'une poche à l'autre

Montre un crayon dans ta main droite et mets-le dans ta poche intérieure gauche (en réalité, fais semblant de le mettre dans ta poche ; mais dès que le crayon n'est plus visible, bascule-le le long de ta main).

Retire alors de ta poche extérieure droite un papier sur lequel est inscrite une formule magique. (Profites-en pour laisser tomber dans cette poche le crayon caché.)

Prononce ta formule magique, par exemple : « Acrackadacrac », et invite tes spectateurs à vérifier que le crayon a disparu de ta poche intérieure gauche dans laquelle tu l'avais placé... pour se retrouver dans ta poche extérieure droite !

rouge

Le trombone amoureux

Place secrètement un trombone sous le pouce de la main droite et maintiens avec le pouce et l'index deux trombones comme sur le dessin 1.

Bascule ces deux trombones au-dessus de ta main gauche et en les laissant tomber à l'intérieur de ta main, laisse tomber le troisième trombone avec. Referme ta main gauche sans laisser le temps de voir les trombones à l'intérieur. (Pour les spectateurs il y en a deux ; en réalité, il y en a trois) (A).

Avec ta main droite, retire un des trombones de ta main gauche et, tout en le plaçant dans l'une de tes poches, informe ton auditoire que ce trombone adore son compagnon et que l'on a beau les séparer, ils se retrouvent toujours ensemble (B)...

Ouvre la main gauche et montre les deux trombones (C)...

Disparition d'un trombone

Pour réaliser cet effet, attache trois élastiques de manière à obtenir une chaîne et fixe un trombone à un bout de la chaîne. Passe l'élastique de l'autre bout (sans trombone) autour de ton poignet droit et amène-le au-dessus du coude, sous ta manche.

Par-dessous la manche, attrape le trombone et place-le entre ton pouce et index droits. (Pour les spectateurs, seul le trombone est visible. Les élastiques sont cachés par la main et par la manche.)

Commence le tour en montrant le trombone et en faisant semblant de le passer d'une main à l'autre. Dans ce mouvement, relâche le trombone et il disparaîtra automatiquement dans ta manche.

D'une main à l'autre

La disparition d'un trombone associée à une apparition peut te permettre de faire croire qu'un trombone disparaît d'une main pour réapparaître dans l'autre.

Pour cela, place secrètement, comme précédemment, un trombone dans la fourche du pouce gauche. Montre le « trombone à disparition » de la main droite... Un geste des deux mains, et le trombone disparu semblera réapparaître dans la main gauche.

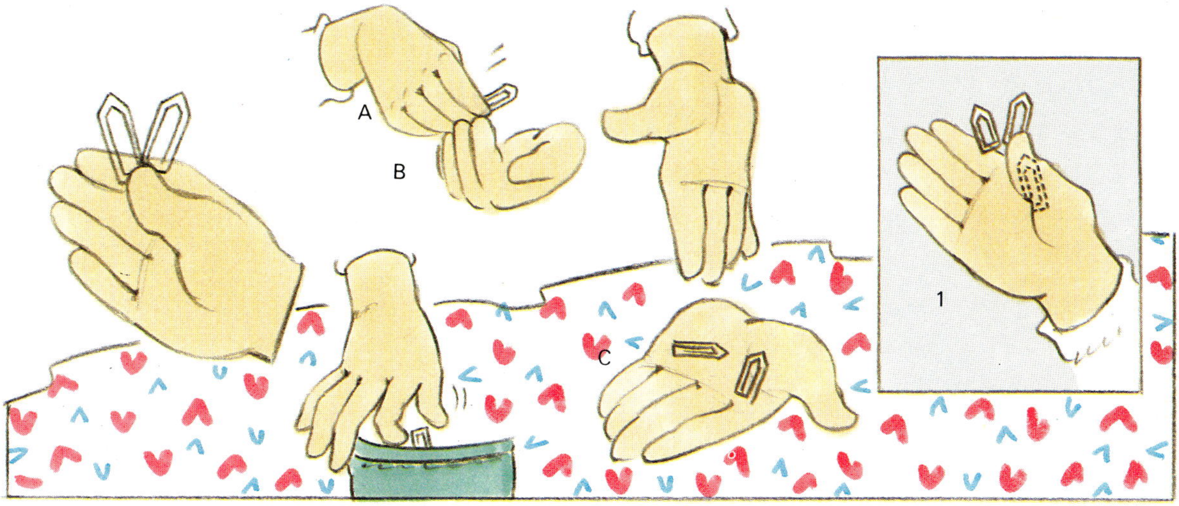
A
B
C
1

Les trombones sympathiques

Avant le tour, attache deux trombones ensemble et tiens-les avec ta main droite de façon à ne voir qu'un seul des trombones. Place à côté un autre trombone. (Pour le public tu as deux trombones en main, alors qu'un troisième est caché et attaché à un des deux autres (1).

Commence le tour en présentant ces trombones et en tenant en main gauche une boîte vide.

Fais semblant de déposer le premier trombone dans la boîte, mais glisse-le juste à côté dans ta main. Puis dépose dans la boîte les deux trombones attachés comme s'il n'y en avait qu'un (2).

Tu peux maintenant faire des gestes au-dessus de la boîte et la donner à un spectateur qui ne pourra que constater que les deux trombones se retrouvent attachés!... (Oublie et dissimule dans ta poche la troisième trombone.)

La machine à trombones

La machine à trombones est une machine très simple qui permet d'attacher automatiquement des trombones...

Pour fabriquer la machine, prends une bande de papier et plie-la en deux dans le sens de la longueur. Plie-la ensuite dans le sens de la largeur de façon à former un Z comme sur le dessin.

Pour charger la machine, prends un premier trombone et place-le de façon à maintenir ensemble l'une des extrémités de la bande de papier avec la partie centrale. Place enfin un deuxième trombone fixant l'autre extrémité de la bande de papier à la partie centrale.

Pour faire fonctionner la machine, attrape chaque extrémité de la bande de papier entre le pouce et l'index et tire des deux côtés... Les trombones se retrouveront automatiquement attachés.

1
2

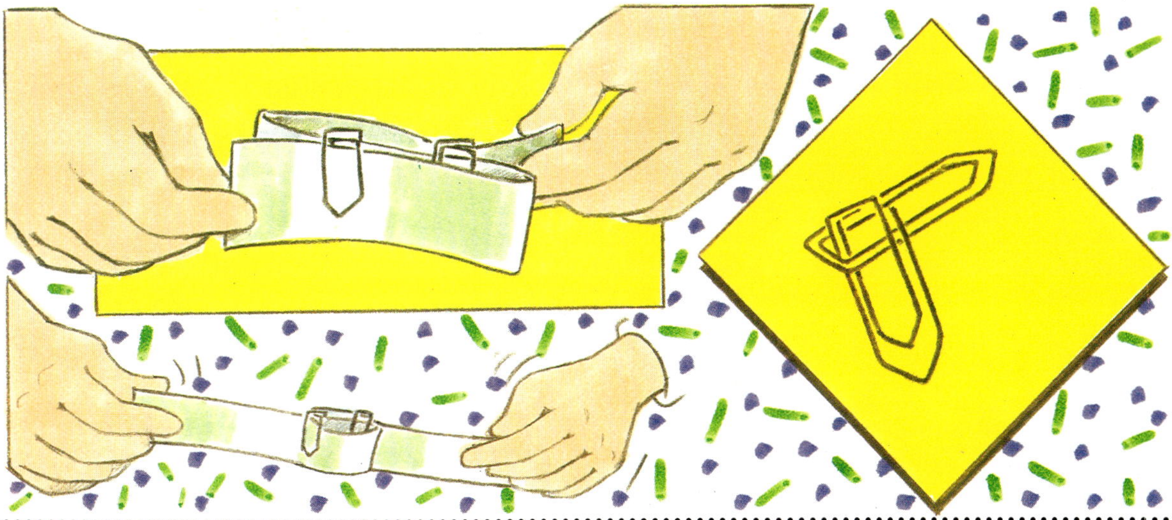

La capsule fantôme

Regroupe des capsules de bouteilles, un dessous de verre en carton, de la colle et une grande tasse. (Le rond de carton doit être plus grand que l'ouverture de la tasse.)

Colle une des capsules sur le rond de carton et pose à côté deux autres capsules libres.

Ta présentation débute par le comptage des trois capsules...

Retourne ensuite le rond de carton au-dessus de la tasse. Pour le public, les trois capsules tombent dans la tasse, alors que l'une d'entre elles reste collée...

Pose le rond de carton sur la tasse et profites-en pour passer tes deux mains par-dessus comme si de la poudre magique en tombait. Attrape du bout des doigts le rond de carton et écarte-le sans laisser voir la capsule collée.

Renverse la tasse pour montrer qu'une capsule n'est plus à l'intérieur.

Cette capsule «fantôme» peut éventuellement se retrouver ailleurs... là où on l'aura placée au préalable!

La capsule invisible

Pose devant toi sur une table une capsule de bouteille. Prends-la en la faisant glisser, avec la main droite, jusqu'au bord de la table.

Arrivée au bord de la table, fais semblant de soulever la capsule avec la main droite; mais en réalité laisse-la tomber sur tes genoux, dans ta main gauche...

Fais semblant de frapper la capsule sur la table... Elle n'y est plus... Elle a traversé la table!

Montre ta main droite vide et va récupérer la capsule sous la table (sur tes genoux).

Illusions d'optique

Si tu n'en crois pas
tes yeux,
vérifie...

Ces colonnes sont
strictement parallèles!

Ces dessins sont
totalement
identiques!

Ce chapeau est aussi large que haut!

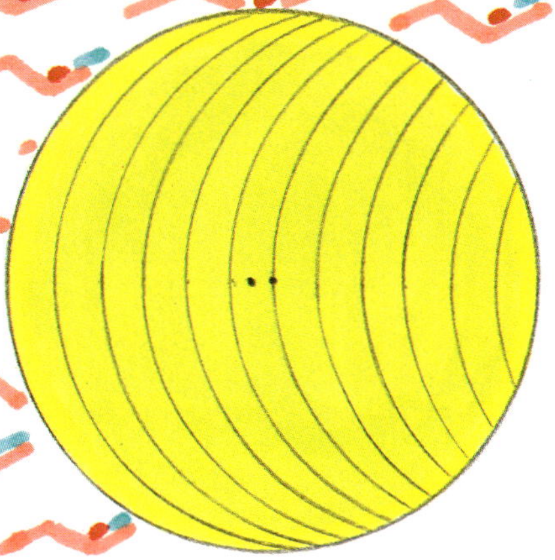

Lequel de ces deux
points est le centre?
Eh bien non!...

Le petit carré bleu
est aussi grand
que le petit carré blanc!

Étonnant, non?

Matérialisation d'un sucre

Une petite cuillère, une tasse et un sucre sont nécessaires pour l'expérience.

Cache le sucre dans la main droite et tiens la petite cuillère avec cette main.

Prouve que la tasse est vide en l'inclinant vers ton public.

Donne comme un coup de baguette magique avec la petite cuillère sur la tasse et annonce qu'un sucre s'est matérialisé à l'intérieur.

Pose la petite cuillère et va chercher ce sucre avec ta main droite!

Il n'y a, bien sûr, pas de sucre dans la tasse, mais en faisant semblant d'en prendre un tu produis le sucre caché de ta main droite.

La marque

Demande à un spectateur de faire une marque au feutre sur un sucre.

Reprends le sucre en main droite en appliquant discrètement ton pouce sur la marque.

(La marque se retrouvera automatiquement sur ton pouce.)

Attrape maintenant la main du spectateur et place-la au-dessus d'un verre d'eau; tout en lui plaçant correctement la main, appuie légèrement ton pouce sur la paume de sa main.

(La marque se retrouvera cette fois-ci à l'intérieur de sa main.)

Quelques mouvements de mains au-dessus de la sienne pendant que le sucre fond...

Et, surprise! la marque est arrivée dans la main du spectateur.

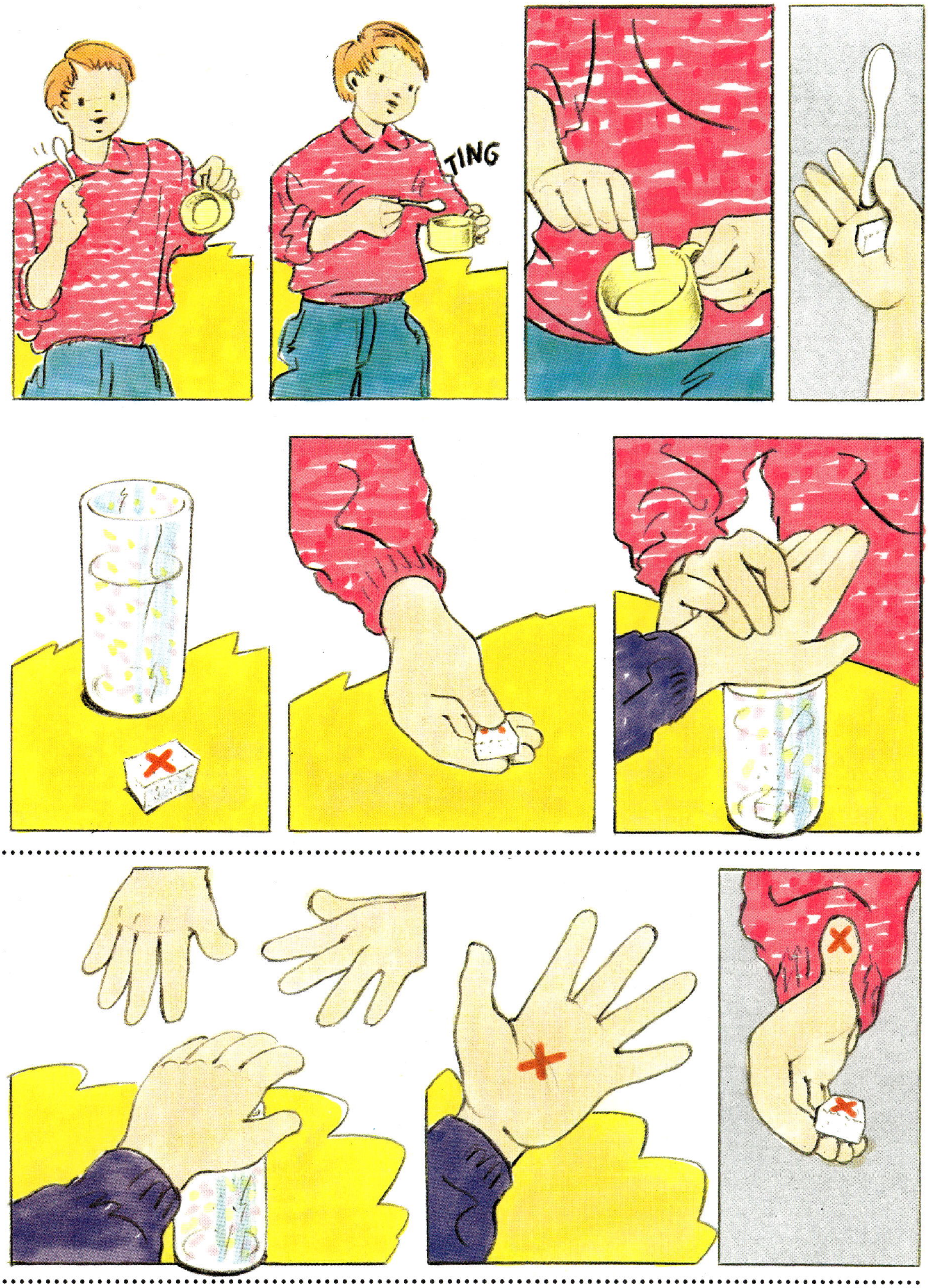
TING

Sucre, où es-tu ?

Prends cinq morceaux de sucre et gardes-en un caché dans ta main droite. (Ce sucre caché dans la paume est « empalmé ».)

Dispose les quatre morceaux sur une table en un carré d'une vingtaine de centimètres de côté (A).

Recouvre avec ta main droite le sucre n° 1 et avec la main gauche le sucre n° 3 (B).

Lâche sur la table le sucre empalmé de la main droite et empalme le sucre n° 3 dans ta main gauche. (Entraîne-toi bien à exécuter ce mouvement correctement.)

Soulève l'une après l'autre la main droite et la main gauche. Le sucre n° 3 a mystérieusement rejoint le sucre n° 1 (C).

Pose la main gauche sur ces deux sucres et la main droite sur le sucre n° 2. La main gauche dépose le sucre empalmé et la main droite empalme à son tour le sucre n° 2 (D).

Soulève les deux mains... trois sucres se retrouvent ensemble (E) !

La main droite recouvre les trois sucres et dépose le quatrième empalmé, et la main gauche va sur le sucre n° 4 et l'empalme (F). Les deux mains se soulèvent... et les quatre sucres sont réunis ! La main gauche garde secrètement un sucre empalmé et le laisse tomber sur les genoux (G)...

À travers

À l'aide d'une tasse à café ou à thé, tu peux créer une curieuse illusion.

Dissimule un sucre sous la soucoupe et entre tes doigts. Présente un autre sucre de l'autre main ; laisse-le tomber dans la tasse et lâche en même temps celui de dessous la soucoupe.

On aura l'illusion que le sucre a traversé tasse et soucoupe !

Attention à bien synchroniser tes mouvements.

1
2
3
4
A
B
C
D

E
F
G

Le bon objet

Pour ce tour, tu as besoin d'un complice que tu auras prévenu avant la séance.

Demande à tes amis de choisir un objet dans la pièce en ton absence. Sors de la pièce quelques instants. Lorsque tu reviens, demande à ton complice de te désigner différents objets de la pièce.

Au bout de quelques objets, tu annonces que le bon objet est la télévision !

Rien de plus simple, il suffit d'être convenu avec ton aide qu'il te désigne les objets du bout du doigt et qu'il touche l'objet choisi.

La bonne main

C'est presque un tour de sciences naturelles.

Remets un « bon gros livre » à un spectateur et demande-lui de le tenir en l'air d'une main pendant une petite minute alors que tu as le dos tourné...

Une fois le livre reposé, tu désignes immédiatement la main qui a tenu le livre.

En effet, cette main sera légèrement mais visiblement plus blanche que l'autre.

Esprit es-tu là ?

Voilà un bon tour à jouer de préférence dans la pénombre.

Pointe tes deux index vers une personne à qui tu demandes de fermer les yeux dès que tes doigts approchent ses paupières. Pose tes doigts délicatement sur les paupières puis éloigne tes mains.

Recommence plusieurs fois le mouvement mais, une fois que la personne a les yeux fermés, au lieu de poser tes deux index, pose l'index et le majeur de la même main.

Cela te laisse une main libre avec laquelle tu peux donner une petite tape dans le dos de la personne.

L'effet est garanti... L'impression est vraiment bizarre...

Juste après la tape, écarte-toi avec tes deux index pointés comme précédemment.

Imprimé en France par l'imprimerie Clerc
Dépôt légal : n° 6536.02.90
29.48.1032.02/1
ISBN 2.01.014890.8
Loi n° 49-956 du 16 juillet 1949 sur les publications
destinées à la jeunesse. Dépôt 02.90